FAROL
LITERÁRIO

AGRADEÇO À EDITORA, QUE TORNOU
ESTE PROJETO POSSÍVEL, E AOS FÃS DO
DESENHOS DE UM GAROTO SOLITÁRIO,
POR FAZEREM A PÁGINA CRESCER CADA VEZ MAIS!

ACHAVA QUE SERIA UMA DAQUELAS TIRAS COM UMA FRASE QUE TE FAZ PENSAR?
NÃO É.
EU SÓ QUERIA DIZER QUE AMO COXINHA

EU CORRENDO
ATRÁS
DE VOCÊ:

FEITO SOB MEDIDA PARA SEUS CARINHOS

UMA PEQUENA HISTÓRIA DE TERROR

FOTOS MINHAS ANTIGAS

FALA NA CARA, NAS COSTAS VOCÊ FAZ MASSAGEM

ÀS VEZES PARTE DA GENTE
ESTÁ EM OUTRAS PESSOAS,

E PARTE DAS OUTRAS PESSOAS
TAMBÉM FICA NA GENTE

EU QUERO ALGUÉM QUE OLHE PRA MIM DO MESMO JEITO QUE OLHO PRO BOLO DE CHOCOLATE

É FOFO QUANDO ALGUÉM FICA ACORDADO ATÉ TARDE, SÓ PRA CONVERSAR COM VOCÊ

EU NÃO SOU TOTALMENTE INÚTIL.
EU POSSO SER USADO COMO MAU EXEMPLO

PODIA SER
SIMPLES ASSIM...

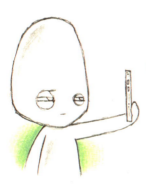

QUANDO A PESSOA TÁ ONLINE E NÃO FALA COM VOCÊ

É POSSÍVEL O LAR SER UMA PESSOA, E NÃO UM LUGAR?

5 SINTOMAS DA PREGUIÇA:

1)

Estou orgulhoso do meu coração. Ele foi jogado, estaqueado, traído, queimado e quebrado, mas de alguma forma... ainda funciona.

QUANDO VOCÊ ACORDA DE UM COCHILO E NÃO TEM A MÍNIMA IDEIA SE É DE DIA OU DE NOITE

✓ ENVIADA
✓✓ VISUALIZADA
✓✓✓ RINDO DA SUA CARA
✓✓✓✓ TIROU PRINT E MANDOU PRA AMIGA
✓✓✓✓✓ TÁ RINDO DA SUA CARA COM A AMIGA

ESPERANDO ALGUÉM
SENTIR A MINHA FALTA
E VIR FALAR COMIGO:

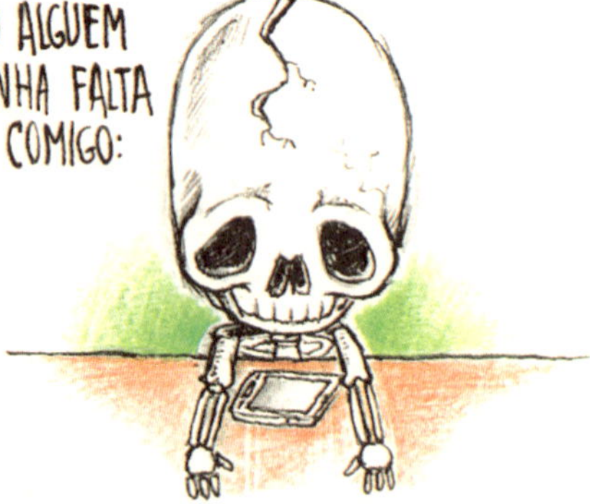

ÀS VEZES VOCÊ CONHECE UMA PESSOA E, EM UM INSTANTE,

VOCÊ JÁ ESTÁ CONFORTÁVEL COM ELA,

E VOCÊ NÃO PRECISA FINGIR SER NINGUÉM OU NADA

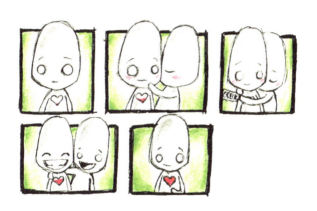

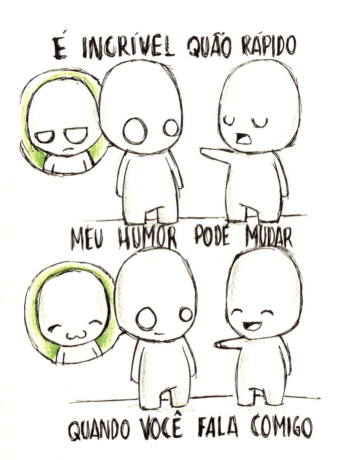

QUANDO VOCÊ ABRAÇA UMA PESSOA

E, NA HORA QUE VOCÊ ESTÁ PRESTES A SOLTAR,

ELA TE ABRAÇA MAIS FORTE

E APESAR DE VOCÊ
TER SE FERRADO,
O MUNDO NÃO ACABOU...

SE TUDO DER CERTO
É PORQUE EU ESTOU SONHANDO
(OU ALGUMA COISA TÁ ERRADA)

Copyright © 2015 Naldo Junio
Copyright © 2015 da edição: Farol Literário

DIRETOR EDITORIAL: Raul Maia
EDITORA: Vivian Pennafiel
EDITORA ASSISTENTE: Camila Lins
CAPA E PROJETO GRÁFICO: Sérgio Frega
DIGITALIZAÇÃO E
TRATAMENTO DE IMAGENS: Robson Mereu - Estúdio M Imagens

**Texto em conformidade com as regras do
Novo Acordo Ortográfico da Língua Portuguesa**

Dados Internacionais de Catalogação na Publicação (CIP)
(Câmara Brasileira do Livro, SP, Brasil)

Junio, Naldo
  Desenhos de um garoto solitário / Naldo Junio ; ilustrações do autor. –
São Paulo : Farol Literário, 2015

ISBN 978-85-8277-092-4

1. Literatura infantojuvenil 2. Livros ilustrados I. Título

15-04907   CDD-028.5

Índice para catálogo sistemático:
1. Livros ilustrados : Literatura juvenil 028..5

1ª edição

Farol Literário
Uma empresa do Grupo DCL — Difusão Cultural do Livro
Av. Marquês de São Vicente, 446, Cj. 1808 — Barra Funda
CEP 01139-000 — São Paulo — SP
Tel.: (0xx11) 3932-5222
www.farolliterario.com.br